Für dieses Heft brauchst du das
miniLÜK-Kontrollgerät

W0248162

So wird es gemacht:

Öffne das miniLÜK®-Kontrollgerät und lege die Plättchen in den unbedruckten Deckel. Jetzt kannst du auf den Plättchen und auf dem Geräteboden die Zahlen 1. bis 12. sehen.

Schließe dann das Gerät und drehe es um. Öffne es von der Rückseite.
Wenn du das bei der Übungsreihe abgebildete Lösungsmuster siehst, hast du alle Aufgaben richtig gelöst.

Beispiel Seite 2:
Auf dem Spielfeld
(Wörter in Silben zerlegen)

Nimm Plättchen 1 und sieh dir Aufgabe 1. an: **Wie viele Silben hat das Wort?**

Sprich das Wort deutlich aus: Tor.
Die richtige Antwort ist: ◡ (eine Silbe).
Zur richtigen Antwort gehört die Zahl 10.
Lege also Plättchen 1 auf das Feld 10 im Geräteboden.

So arbeitest du weiter, bis alle Plättchen im Geräteboden liegen.

Passen einige Plättchen nicht in das Muster, dann hast du dort Fehler gemacht. Drehe diese Plättchen da, wo sie liegen, um, schließe das Gerät, drehe es um und öffne es wieder.
Jetzt kannst du sehen, welche Aufgaben du noch einmal lösen musst. Nimm diese Plättchen heraus und suche die richtigen Ergebnisse. Kontrolliere dann noch einmal. Stimmt jetzt das Muster?

Das System ist für alle Übungen gleich:
Die roten Aufgabennummern im Heft entsprechen immer den LÜK-Plättchen aus dem Kontrollgerät.
Die Zahlen hinter den Lösungen sagen dir, auf welche Felder des Kontrollgerätes du die Plättchen legen musst.

Und nun viel Spaß!

2

Auf dem Spielfeld
(Wörter in Silben zerlegen)

Wie viele Silben hat das Wort?

1

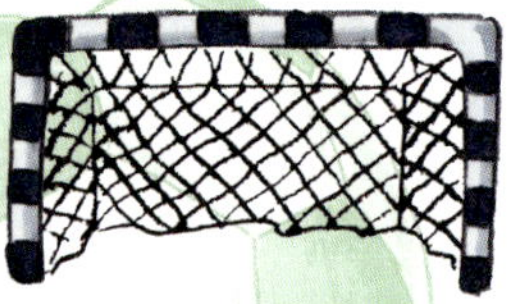

10 ◡

2 ◡◡

14 ◡◡◡

2

3 ◡

6 ◡◡

12 ◡◡◡

3

4 ◡

4 ◡◡

1 ◡◡◡

4

Ball

9 ◡

5 ◡◡

8 ◡◡◡

5

Elfmeter

10 ◡

16 ◡◡

7 ◡◡◡

6

Rasen

8 ◡

11 ◡◡

2 ◡◡◡

Kann ein Fußballfeld quadratisch sein?

Die Größe des Spielfelds ist im Fußball nicht genau festgeschrieben. Die Torlinie (also die kurze Seite) muss zwischen 45 und 90 Meter lang sein. Die Seitenlinie (lange Seite) muss zwischen 90 und 120 Meter lang sein. Es gibt auch eine Regel, die besagt, dass eine Seite länger sein muss als die andere. Ein Fußballfeld könnte danach also „fast quadratisch“ sein.

Hinweis: In Deutschland misst ein Fußballfeld meist 68 mal 105 Meter.

Jedes Wort besteht aus ein, zwei oder mehr Silben. Durch das Mitsprechen kannst du ein Wort in Silben zerlegen. In jeder Silbe gibt es genau einen Selbstlaut.

Ball lau-fen glück-lich ab-spie-len

Was stimmt? Lies die Silben laut und finde das richtige Wort.

7 Spie ler 3 Ler spie 9

8 Po kal 12 Kal po 1

9 Schaft mann 5 Mann schaft 8

10 Ter me elf 10 Elf me ter 4 Me ter elf 6

11 Platz sen ra 7 Sen platz ra 11 Ra sen platz 2

12 Welt meis ter 5 Meis welt ter 12 Ter meis welt 8

Suche dir weitere Fußballwörter in einem Buch und schreibe sie mit Trennstrichen auf:
Ab – seits,
Bun – des – li – ga, …

Torjubel

(Lange und kurze Selbstlaute)

a, **e**, **i**, **o**, **u** sind Selbstlaute (Vokale).
Auch die Umlaute **ä**, **ö**, **ü** und die Doppellaute **au**, **äu**, **ei** und das **ie** gehören zu den Selbstlauten.
Die anderen Buchstaben heißen Mitlaute (Konsonanten).

Wie heißen diese Wörter?

1 F_ßb_llsch_h

2 T_rw_rt

3 B_nd_sl_g_

4 B_nk

5 Pf__f_

6 Sch__dsr_cht_r

Wer ist lauter – die Fans oder der Schiedsrichter?

Toooooor! Hättest du gedacht, dass die Gesänge der Zuschauer fast so laut sind wie das Trommeln im Stadion oder das Pfeifen des Schiedsrichters?
Man misst die Lautstärke in Dezibel (db).
Der Gesang liegt bei 121,6 db, das Trommeln bei 122,2 db und das Pfeifen bei 121,8 db. Nur die Vuvuzela (123,4 db) ist noch lauter.

Die Selbstlaute können lang und kurz klingen:
Hut – Hund.

Wenn nur ein Mitlaut auf den Selbstlaut folgt, sprichst du den Selbstlaut lang: Schal

Wenn zwei Mitlaute auf den Selbstlaut folgen, sprichst du den Selbstlaut kurz: Schall, schalten.

au, **äu**, **ei** und das **ie** klingen immer lang.

Lang oder kurz? Wie klingt der erste Selbstlaut im Wort?

7	jubeln	lang – 5	kurz • 6
8	springen	lang – 4	kurz • 10
9	dribbeln	lang – 1	kurz • 8
10	treten	lang – 12	kurz • 11
11	köpfen	lang – 7	kurz • 2
12	fangen	lang – 3	kurz • 9

Was fällt dir auf, wenn du diese Wortpaare laut aussprichst?

die Mitte – die Miete
das Schiff – schief

6

Müller vor – noch ein Tor!

(Reimwörter)

Was reimt sich?

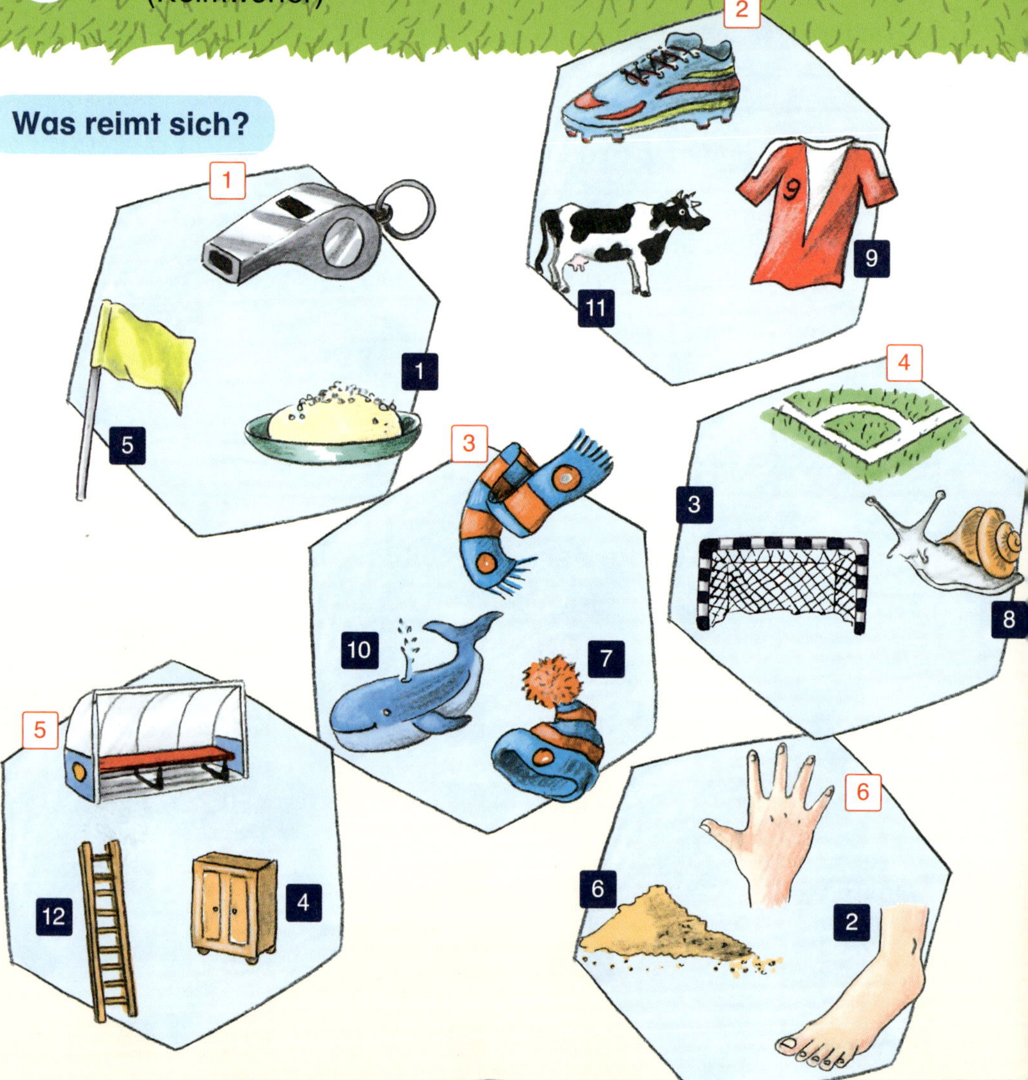

Haben alle Vereine eine Vereinshymne?

Neben den Schlachtruten wie „Einer geht noch, einer geht noch rein!“ haben viele Vereine auch eine eigene Hymne, die vor und nach dem Spiel im Stadion erklingt und von allen Fans mitgesungen wird. Hier ein paar Beispiele:

Bayern München – Stern des Südens
HSV – Hamburg meine Perle
Borussia Dortmund – Borussia

Aber nicht alle Vereine habe eine eigene Hymne.

Reimwörter werden oft bis auf den Anlaut gleich geschrieben:

Nase Hase Vase

springen singen bringen klingen

Was stimmt? Ein Wort reimt sich nicht auf das erste Wort.

7 

schlau 1 Tau 4 grün 2

8 Hand Fuß 5  6 Band 9

9 leise  11 Pfeife 9 Reise 3

10  frisch 10 Tor 7  4

11 acht  3 Nacht 1 macht 6

12  Geld 8  12 Welt 5

Ein Wort schreibt sich am Ende anders als sein Reimwort-Partner. Findest du es? Woran liegt es, dass sich die beiden Wörter trotzdem reimen?

8 Spielmacher und ihre Stollen

(Wörter mit st/St und sp/Sp)

Was schreibst du? St oder Sp?

1 St 2 / Sp 6 — uhl

2 St 3 / Sp 12 — agetti

3 St 4 / Sp 8 — ollen

4 St 11 / Sp 7 — ielfeld

5 St 10 / Sp 1 — erne

6 St 9 / Sp 5 — inne

Am Wortanfang hörst du bei einigen Wörtern ein **scht** oder ein **schp**.

Du schreibst sie aber mit **st/St** oder mit **sp/Sp**:

stark – das **St**adion

er **sp**ringt – das **Sp**ielfeld

Kann man ohne Stollen Fußball spielen?

Mit Stollen spielen die „Profis“ erst seit 1930 Fußball. Vorher trug man einfach Arbeitsstiefel. Damals wurden die Stollen noch an den Schuh genagelt.
Die frühen Stollen waren aus Leder oder Metall. Heute besteht der komplette Schuh aus Kunststoff.

Was fehlt hier? Achte auch auf die Groß- und Kleinschreibung.

		st	St	sp	Sp
7	Die Zuschauer strömen aufgeregt ins ausverkaufte __adion.	11	1	3	7
8	Auf dem Rasen versammeln sich alle __ieler am Mittelkreis.	8	4	10	6
9	Ein Spieler hat sich verletzt. Der Arzt gibt ihm eine __ritze.	2	6	12	3
10	Dieser Stürmer ist einfach klasse. Er bekommt jeden Pass, auch wenn er ganz __itz ist.	5	3	8	10
11	Die Spieler prüfen den Rasen. Welche __ollen brauchen sie heute?	1	9	12	8
12	Der Verteidiger __eigt gekonnt über den Ball und erhält den Einwurf.	11	7	6	9

Schreibe die Sätze vollständig ab.

10 Dribbelkönig

(Wörter mit doppelten Mitlauten)

n oder nn?

1

n 2

nn 6

2

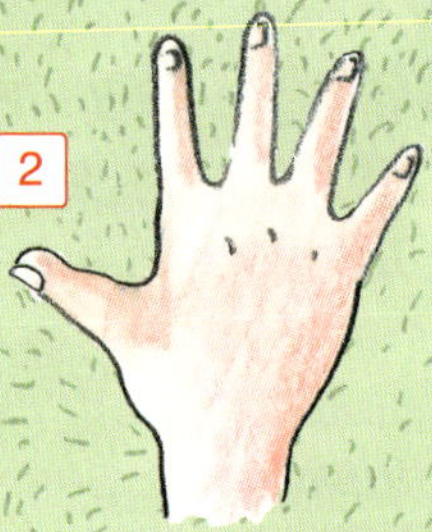

n 8

nn 5

l oder ll?

3

l 10

ll 12

4

l 9

ll 11

p oder pp?

5

p 7

pp 4

6

p 1

pp 3

Was ist der Unterschied zwischen dribbeln und passen?

Beim Dribbeln führt der Spieler den Ball ganz dicht am Fuß und läuft so über das Fußballfeld. Das Wort dribbeln kommt aus dem Englischen und bedeutet tröpfeln.

Beim Passen wird der Ball von einem Spieler ganz genau zu einem anderen geschossen. Auch das Wort passen kommt aus dem Englischen und bedeutet urspünglich weitergeben.

Wenn du einen kurzen Selbstlaut (Vokal) hörst, folgen mindestens zwei Mitlaute (Konsonanten): schimpfen – schwimmen, Wolke – Wolle.

Die Konsonanten können verschieden oder gleich sein.
Tipp: Wenn du nach einem kurzen Selbstlaut nur einen Mitlaut hörst, musst du den Mitlaut verdoppeln:

dribbeln, Anpfiff.

Rätsel: Wörter mit doppelten Mitlauten gesucht!

7 Darauf warten die Spieler, damit das Spiel anfangen kann.

8 So werden oft auch die Fans genannt.

9 Wenn ein Spieler besonders stark schießt, heißt das auch …

10 Jm Stadion gehen die Fans darauf zu ihren Plätzen.

11 Damit kann jeder eine Tür öffnen.

12 Eine Liste, aus der man ablesen kann, welchen Platz der Verein hat.

FÜR PROFIS

Überlege dir noch weitere Rätsel zu Wörtern mit doppelten Mitlauten, z. B. Schloss, Sonne, Koffer, Bett, Brille, …

12

Sieg und Niederlage

(Wörter mit b, d, g am Wortende ableiten)

Was gehört zusammen?

1 Wälder
2 Berge
3 Typen
4 Schränke
5 Zweige
6 Freunde
7 tau__
8 frem__
9 ferti__
10 Stif__
11 gel__
12 har__

Typ 12
Schrank 8
Wald 7
Zweig 6
Freund 3
Berg 4
gelbe Bananen 5
harte Nüsse 9
taube Menschen 2
fremde Personen 10
fertige Aufgaben 11
bunte Stifte 1

Wer hat die meisten Titel?

Seit 1930 findet alle vier Jahre die FIFA-Weltmeisterschaft statt. Bisher hat Brasilien die meisten Titel gewonnen (5 Mal), Deutschland und Italien siegten jeweils 4 Mal.
Die Bundesliga gibt es seit 1963. Bayern München siegte bislang 25 Mal. Der Abstand zu den anderen Mannschaften ist sehr groß: Borussia Dortmund und Borussia Mönchengladbach haben jeweils erst 5 Titel gewonnen, alle anderen Mannschaften noch weniger.

Wenn du am Ende eines Wortes nicht hören kannst, ob du es mit **b** oder **p**, **d** oder **t**, **g** oder **k** schreiben musst, hilft es, wenn du das Wort verlängerst – der Buchstabe bleibt:

Spielfel**d** – Spielfel**der**, Spin**d** – Spin**de**, getra**b**t – tra**ben**

d oder t?

1	wil_	d 10	t 4	2	har_	d 6	t 8
3	Kin_	d 11	t 12	4	Hem_	d 9	t 1

g oder k?

5	klu_	g 5	k 3	6	Ban_	g 4	k 7
7	Sie_	g 3	k 5	8	Fabri_	g 1	k 2

b oder p?

9	lie_	b 12	p 2	10	Sta_	b 4	p 9
11	Die_	b 6	p 7	12	hal_	b 1	p 10

Schreibe die Wörter ab. Ergänze dabei die fehlenden Buchstaben.

Ball ist nicht gleich Ball

(Wörter mit ä und äu ableiten)

Welche Bildwörter kannst du von einem verwandten Wort mit ä oder äu ableiten?

1

Ableitbar von einem Wort mit a oder au?

ja 5 – nein 1

2

Ableitbar von einem Wort mit a oder au?

ja 3 – nein 10

3

Ableitbar von einem Wort mit a oder au?

ja 9 – nein 2

4

Ableitbar von einem Wort mit a oder au?

ja 6 – nein 7

5

Ableitbar von einem Wort mit a oder au?

ja 12 – nein 8

6

Ableitbar von einem Wort mit a oder au?

ja 4 – nein 11

Du schreibst fast immer ä, wenn du das Wort
von einem verwandten Wort mit a ableiten kannst:
die Äpfel – der Apfel, er fährt – fahren, erkältet – kalt.
Diese Regel gilt auch für Wörter mit äu.
Wenn du sie von einem verwandten Wort mit au ableiten
kannst, schreibst du:
Maus – Mäuse, Traum – träumen, Haus – häuslich.

Was macht einen Fußball zum Profiball?

Es gibt viele Fußbälle. Um damit in der Bundesliga spielen zu dürfen, muss es ein Ball der Größe 5 sein. Der DFB hat festgelegt, dass ein Ball zu Beginn eines Spiels zwischen 410 g und 450 g schwer sein muss. Sein Umfang muss zwischen 68 und 70 cm liegen. Auch der Druck im Ball ist festgelegt.

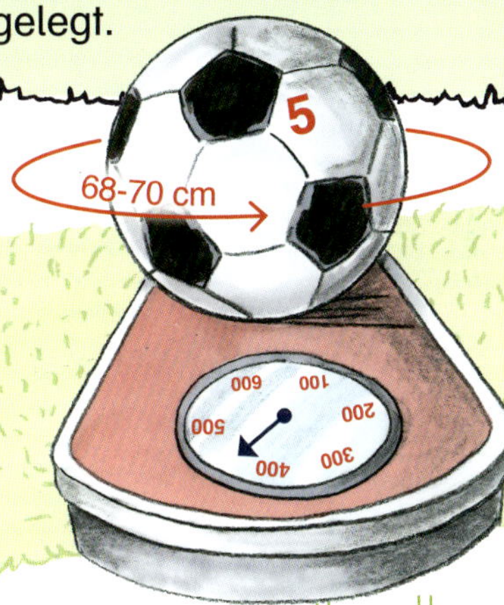

Was fehlt hier?

		ä	e	äu	eu
7	Beim Fußballspiel dürfen die Spieler den Ball nicht mit ihren H__nden spielen.	12	5	3	2
8	Die meisten L__te passen in das Stadion Camp Nou in Barcelona, genau 99 354.	6	8	4	9
9	Vor dem Spiel müssen sich die Spieler gut aufw__rmen.	1	9	12	3
10	Vor ernsthaften Verl__tzungen haben die meisten Spieler Angst.	6	11	8	4
11	Die Mannschaft f__hrt meist mit ihrem eigenen Bus zum Stadion.	7	1	9	2
12	Manchmal zünden Fans Bengalo-F__er im Stadion an. Das ist strengstens verboten!	11	5	7	10

Berühmte Fußballer
(Tabellen lesen)

In einer Tabelle kann man Zahlen oder Texte übersichtlich darstellen. Eine Tabelle besteht aus **Zeilen** (→) und **Spalten** (↓).
Die einzelnen „Kästen" nennt man **Felder**.

Franz Beckenbauer 1964 – 1983	Libero	Deutschland	Weltmeister als Spieler und als Trainer
Lionel Messi 2000 –	Stürmer	Argentinien	5-maliger Gewinner des FIFA Ballon D'Or
Sir Alex Ferguson 1974 – 2013	Trainer	England	Mit 38 Titeln der erfolgreichste Vereinstrainer aller Zeiten
Sepp Maier 1962 – 1979	Torhüter	Deutschland	Rekordtorhüter der deutschen Nationalmannschaft (95 Einsätze)
Zinedine Zidane 1988 – 2006	Mittelfeld-spieler	Frankreich	Weltmeister und Europameister
Gilmar 1951 – 1969	Torhüter	Brasilien	2 Weltmeistertitel als einziger Torhüter (1958 und 1962)

Wie wird man Fußballprofi?

Der DFB hat Trainer, die sich darum kümmern, Talente in den Fußballvereinen zu entdecken. Die Vereine in der Bundesliga suchen gezielt in kleineren Vereinen danach. Wenn ein Spieler gut ist, wird er in ein Leistungszentrum geschickt. Meist ist das ein Internat. Die jungen Spieler gehen dort zur Schule und zum Training. Wenn jemand sehr gut ist, bekommt er vielleicht einen Vertrag und kann Profi werden.

Lies die Tabelle und beantworte die Fragen

1 Wie viele Zeilen hat die Tabelle?
5 11 | 6 9 | 7 9

2 Wie viele Spalten hat die Tabelle?
4 5 | 5 8 | 6 12

3 Wie viele Felder sind in einer Zeile?
3 10 | 4 2 | 6 5

4 In welchem Feld steht die Jnformation „Frankreich“?
2. Spalte, 5. Zeile 1 | 3. Spalte, 5. Zeile 10 | 4. Spalte, 5. Zeile 9

5 In welcher Spalte ist das Land angegeben, aus dem der Fußballer kommt?
2. Spalte 10 | 3. Spalte 8 | 4. Spalte 4

6 Welche Information steht in der 2. Spalte in der 3. Zeile?
Torhüter 10 | England 12 | Trainer 6

7 Wie heißt der Rekordtorhüter der deutschen Nationalmannschaft?
Gilmar 1 | Maier 4 | Beckenbauer 8

8 Aus welchem Land kommt Lionel Messi?
Spanien 3 | Brasilien 5 | Argentinien 11

9 Welcher Fußballer beendete 2006 seine Spielerlaufbahn?
Zidane 1 | Ferguson 2 | Gilmar 7

10 Welcher Fußballprofi gewann als Spieler und als Trainer eine Weltmeisterschaft?
Ferguson 12 | Beckenbauer 3 | Zidane 9

11 Wie heißt der Torhüter aus Brasilien?
Messi 2 | Maier 11 | Gilmar 7

12 Welcher Fußballer begann seine Laufbahn 1974?
Gilmar 8 | Ferguson 12 | Beckenbauer 10

Fußballgeschichten
(Bilder und Texte zuordnen)

Welcher Satz passt zum Bild?

1 

- Tim spielt den Fußball. **4**
- Tim spült den Fußball. **8**
- Tim köpft den Fußball. **2**

2 

- Der Torwart trifft Walter. **10**
- Der Torwart trinkt Wasser. **6**
- Der Torwart tritt Wassili. **12**

3 

- Das Stadion ist ausverkauft. **3**
- Das Stadion ist aber leer. **5**
- Das Studio ist alt. **11**

4 

- Mila trägt die Nummer zwei. **9**
- Mila trägt die Nummer zwölf. **7**
- Mila trägt die Nummer zehn. **1**

Richtig oder falsch?

		richtig	falsch
5	Die Fußball-Weltmeisterschaft fand noch nie in Deutschland statt.	11	9
6	2014 wurde Deutschland Fußball-Weltmeister in Brasilien.	5	3
7	Deutschland wurde bisher erst zwei Mal Fußball-Weltmeister.	2	7
8	Die Fußball-Weltmeisterschaft findet 2018 in China statt.	6	12

Verbinde die Buchcover mit den passenden Texten.

9 

Welche Übung hilft am besten? Mit diesem Ratgeber lernen Spieler und Trainer, wie die nächste Übungseinheit noch besser und effektiver werden kann. Fotos zeigen genau, worauf man achten muss. 10

10 

Mit 250 Stickern lernen Kinder in diesem Buch noch mehr über Fußball: Was passiert in der Kabine? Wer gewinnt die Meisterschaft? Wie bereiten sich die Spieler auf ein Spiel vor? 11

11 

Warum kommt Paula nicht mehr zum Fußballtraining? Wer wird beim Sportfest Meister? Darf Frau Kumpe die Jungenmannschaft trainieren? Dies ist nur eine kleine Auswahl der Fragen, um die sich die Fußballgeschichten drehen.

12 

Jn diesem tollen Sachbuch erfahren Kinder alles Wissenswerte zum Thema Fußball – mit großem Poster der deutschen Nationalmannschaft! 8

Suche dir in der Bücherei ein Buch über Fußball heraus und stelle es in deiner Klasse vor.

Viele Vereine

(Merkwörter üben)

Ordne die Wörter nach der Anzahl der Buchstaben.

1 **extra**
3 ■1 4 ■3 5 ■9 6 ■5

2 **Herbst**
3 ■4 4 ■11 5 ■3 6 ■12

3 **links**
3 ■11 4 ■2 5 ■7 6 ■8

4 **heute**
3 ■9 4 ■6 5 ■10 6 ■4

5 **Klee**
3 ■6 4 ■1 5 ■8 6 ■2

6 **Axt**
3 ■5 4 ■10 5 ■7 6 ■12

Ordne die Wörter nach ihrer Besonderheit.

7 auswechseln

8 dribbeln

9 teuer

10 Deckung

11 Spieler

12 voll

■2 Wort mit **eu**

■3 Wort mit **ck**

■8 Wort mit **ie**

■11 Wort mit **v**

■6 Wort mit **Doppelkonsonant**

■4 Wort mit **chs**

Wie viele Vereine gibt es?

In Deutschland spielen ungefähr 1,8 Millionen Jungen und 340.000 Mädchen in einem Verein Fußball. Viele von ihnen träumen davon, einmal in der Bundesliga zu spielen. Im Männerfußball sind 18 Vereine in der 1. Bundesliga, bei den Frauen sind es 12 Vereine.

Bei manchen Wörtern kannst du durch deutliches **Mitsprechen** herausfinden, wie sie geschrieben werden: Hose, Melone, Auto, …
Bei manchen Wörtern hilft das **Nachdenken**: fahren – er fährt, der Berg – die Berge, …
Es gibt aber auch Merkwörter, das bedeutet, dass du dir bei diesen Wörtern **merken** musst, wie du sie schreibst: Heu, Vater, Axt, …

Merkwörter mit V/v: Wie klingt das V/v?

		V v wie in Vogel	V v wie in Vase
1	Vater	6	2
2	Verein	9	12
3	Vampir	3	1
4	Klavier	11	5
5	vier	7	4
6	Pullover	8	10

Welche Silben bilden ein Wort?

7	8	9	10	11	12
Vam	Vor	Va	Ver	Vul	Vo

se	hang	gel	kan	pir	ein
2	3	4	8	11	12

Auf dem grünen Rasen

(Nomen und Adjektive)

Nomen sind Wörter **für Menschen** (der Torwart), **für Tiere** (der Hund), **für Pflanzen** (das Gras) und **für Dinge** (der Fußball). Nomen schreibst du immer groß.
Zu den Nomen gehören **Artikel**: der Torwart, die Bank, das Gras.
Nomen können in der Einzahl und in der Mehrzahl stehen: der Ball – die Bälle, das Spielfeld – die Spielfelder.

Adjektive beschreiben, wie etwas aussieht oder ist: der **große** Torwart, der **wilde** Hund, das **nasse** Gras.
Das Adjektiv muss nicht immer vor einem Nomen stehen: Der Fußball ist **bunt**.

Nomen oder Adjektiv? Ordne das markierte Wort zu.

		Nomen	Adjektiv
1	Die Mannschaften betreten den **Platz**.	11	9
2	Der **Schiedsrichter** pfeift das Spiel an.	7	3
3	Nach wenigen **Minuten** fällt das erste Tor.	10	7
4	Die Fans jubeln **laut**.	6	12
5	Die Spieler fallen sich **glücklich** in die Arme.	2	4
6	Auf der **Bank** freuen sich alle mit.	8	12

Welches Wort ist ein Nomen?

7 Zum Geburtstag habe ICH (3) EINE (7) KARTE (6) für ein Spiel der Nationalmannschaft bekommen.

8 Heute ist DER (7) GROSSE (11) TAG (1) – wir gehen endlich ins Stadion.

9 Von UNSEREN (6) PLÄTZEN (9) KÖNNEN (2) wir alles sehr gut sehen.

Welches Wort ist ein Adjektiv?

10 Mit der Mannschaft SINGEN (4) WIR (11) LAUT (5) die Nationalhymne mit.

11 Das Spiel IST (8) TOLL (3) UND (12) es fallen viele Tore.

12 Am Ende spielen die Mannschaften 3:3 unentschieden, aber ich bin MIT (5) DEM (9) ERGEBNIS (10) GLÜCKLICH. (2)

Schreibe die Sätze richtig ab.

Wie lang ist der Rasen im Fußballstadion?

Damit die Bedingungen für alle Spiele möglichst ähnlich sind, gibt es auch Regeln dafür, wie lang der Rasen sein darf: nämlich genau 28 mm. Damit die Spieler im Winter nicht auf gefrorenem Rasen spielen müssen, wurde außerdem festgelegt, dass unter allen Rasen eine Heizung liegen muss.

Einlaufkinder
(Adjektive verändern)

Lies den Text. Was fällt dir auf? Setze die Adjektive in den Text ein.

Ich war beim letzten Spiel Einlaufkind. Erkennst du mich?

Ich habe [1] Haare. An diesem Tag hatte ich eine [2] Schleife im Haar. Besonders schön finde ich mein [3] Trikot.

Das [4] T-Shirt und die [5] Hose zeigen unsere Vereinsfarben.

Wir haben alle Sachen ganz neu geschenkt bekommen.

Ich habe an diesem Tag nur meine [6] Schuhe getragen.

rote 4 — grüne 5 — gelbe 3 — neues 2

schön 9 — blaue 8 — alten 12 — kleine 4

Wie wird man Einlaufkind?

Einlaufkinder werden die Kinder genannt, die mit einem Spieler vor einem Spiel in der 1. oder 2. Bundesliga oder bei einem Länderspiel mit dem Fußballspieler gemeinsam ins Stadion einlaufen. Als Einlaufkind muss man sich bewerben. Man muss zwischen 6 und 11 Jahre alt sein und manche Vereine haben die Regel, dass man nicht größer als 1,50 m sein sollte.

Um ein Nomen näher zu beschreiben, kannst du ein **Adjektiv** zwischen den Artikel und das Nomen stellen: das **schöne** Trikot, der **bunte** Ball.

Nur das Nomen schreibst du groß.
Das Adjektiv musst du so verändern, dass es zum Nomen passt: Der Spieler öffnet **die rote Sporttasche**.
Er nimmt seine Schuhe **aus der roten Sporttasche**.

Welches Adjektiv fehlt hier?

7	Jch trage den ___ Ball auf den Platz.	neu 4	neuen 9
8	Jch gebe den Ball dem ___ Schiedsrichter.	freundlicher 12	freundlichen 11
9	Beide Mannschaften stellen sich in einer ___ Reihe auf.	lange 5	langen 7
10	Die Nationalhymne wird von einem ___ Orchester gespielt.	groß 2	großen 10
11	Die ___ Zuschauer jubeln und klatschen.	begeistert 3	begeisterten 1
12	Mit einem ___ Pfiff pfeift der Schiedsrichter endlich das Spiel an.	lauter 3	lauten 6

Fußballtraining
(Verben verändern)

Lies den Text. Ergänze die fehlenden Verbformen.

Maya, Suri und Jonas [1] Fußball. Das macht Spaß!
Maya fragt: „Du, Jonas, [2] du heute das erste Mal als Verteidiger?“
Jonas sieht sie erstaunt an: „Nein, wieso? Ich [3] jeden Tag mit meinem Bruder, mal in der Verteidigung, mal im Sturm. Er [4] schon sehr lange und ich habe viel von ihm gelernt.“
Maya ist begeistert. „Darf ich mal mitspielen – [5] du deinen Bruder mal?“ Jonas nickt: „Ich [6] ihn, aber ich kann dir nichts versprechen.“

Wie oft trainiert ein Fußballprofi?

Es gibt auch bei den Profis Unterschiede beim Training. Als Daumenregel gilt, dass 5 x pro Woche trainiert wird, oft 2 x am Tag (vormittags und nachmittags).
Dabei gilt auch das „Erholungs-Training“ (Regeneration) als eine Trainingseinheit. Am Montag geben die meisten Vereine ihren Profis einen Tag spielfrei.

Alle Verben haben eine **Grundform**:
spielen, **rennen**, …
Wenn sie in einem Satz mit einer Personalform (ich, du, er/sie/es, wir, ihr, sie) kombiniert werden, verändern sie sich:

ich spiel**e**	wir spiel**en**
du spiel**st**	ihr spiel**t**
er/sie/es spiel**t**	sie spiel**en**

Ergänze die fehlenden Verbformen.

7	ich renne	du ______	er rennt
8	wir ______	ihr springt	du springst
9	du läufst	sie laufen	ich ______
10	sie fährt	ihr fahrt	du ______
11	er trägt	wir ______	sie tragen
12	ich singe	du ______	er singt

Schreibe alle Verbformen mit den sechs Personalformen (ich, du, er/sie/es, wir, ihr, sie) auf:
ich renne, du rennst, er rennt, wir rennen, ihr rennt, sie rennen
ich springe, …

Jm Stadion

(Mit Wortfeldern arbeiten)

Lies den Text.
Welche Wörter aus dem Wortfeld gehen passen besser?

Finale! Die Zuschauer **gehen** 1 ins Stadion und setzen sich auf ihre Plätze. Endlich **gehen** 2 die Spieler auf das Spielfeld. Die Kinder, die an ihrer Hand einlaufen, **gehen** 3 aufgeregt neben den Profis hin und her. Langsam **gehen** 4 die Trainer vom Spielfeldrand zur Ersatzbank. Anpfiff – das Spiel beginnt! Tausende Zuschauer **gehen** 5 von ihren Sitzen hoch. Auf dem Spielfeld **gehen** 6 beide Mannschaften hinter dem Ball her. Wer das Spiel wohl gewinnen wird?

Verben, die eine ähnliche Bedeutung haben, gehören zu einem **Wortfeld**, z. B.
gehen: schlendern, spazieren, stolpern, bummeln, betreten …
sehen: beobachten, gucken, anschauen, …

Stadion-Rekorde

Das älteste Fußballstadion steht in England (Sheffield). Es wurde 1855 gebaut.
Das bisher teuerste Stadion steht auch in England. Es ist das Wembley-Stadion in London. Es kostete 1,2 Milliarden Euro. (Zum Vergleich: Das Stadion „Allianz-Arena“ in München kostete 0,3 Milliarden Euro.)
Das höchste Stadion der Welt befindet sich in Peru. Das Stadion in Carrión liegt auf 4380 Meter (über dem Meeresspiegel).

1

Ordne diese Verben aus dem Wortfeld gehen nach der Schnelligkeit.

		schnell	mittel	langsam
7	schlendern	1	7	2
8	flüchten	10	4	9
9	rennen	11	12	5
10	humpeln	3	2	7
11	springen	5	8	10
12	marschieren	11	9	6

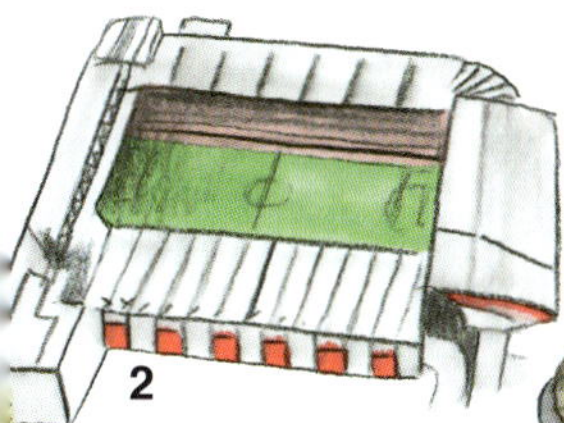

2

3

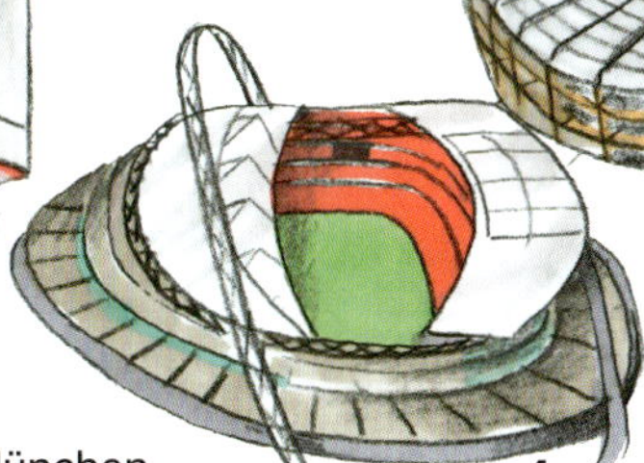

4

1 – Allianz-Arena in München
2 – Bramall Lane in Sheffield
3 – Aztekenstadion in Mexiko-Stadt
4 – Wembley-Stadion in London

Überlege dir noch weitere Verben aus dem Wortfeld **gehen** und ergänze die Tabelle.

Schneller Fußball

(Wörter großschreiben)

Namen und **Nomen** schreibst du groß:
Manuel **N**euer ist mein Lieblingsspieler.

Auch **Satzanfänge** schreibst du groß:
Er spielt in der Nationalmannschaft.
Morgen schaue ich mir ein Spiel an.

Welches Wort schreibt man NICHT groß?

1
- SPIELFELD 7
- LAUFEN 3
- STÜRMER 10

2
- ABWEHR 12
- ANGRIFF 9
- HALTEN 8

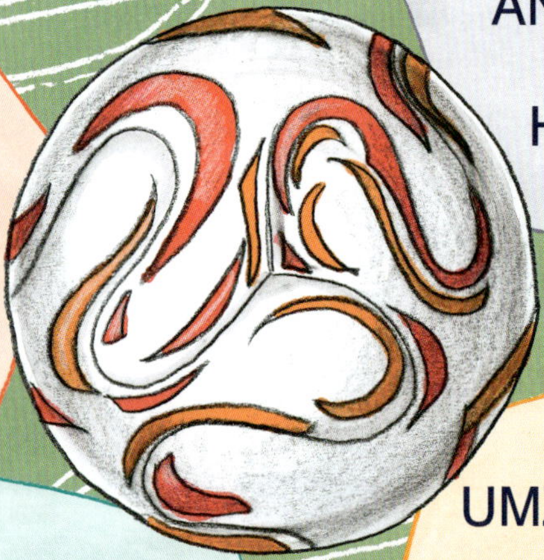

3
- TRIBÜNE 6
- STADION 2
- SINGEN 11

4
- UMZIEHEN 4
- TRIKOT 9
- SCHAL 7

5
- ANPFIFF 10
- PFEIFEN 5
- KARTE 6

6
- TORHÜTER 8
- PFOSTEN 4
- FALLEN 1

Groß oder klein?

7	Heute trainieren wir unsere Schnelligkeit. Ich _reue mich darauf.	f 10	F 5
8	Mein Trainer _imon stellt Stangen auf, um die wir laufen sollen.	s 3	S 2
9	Zuerst _aufen wir uns aber erst einmal langsam warm.	l 6	L 1
10	Nur Paul kann sich nicht an die _egeln halten. Er rennt schnell über den Platz.	r 8	R 9
11	Als wir dann schnell auf einer Stelle laufen sollen, ist Paul als erster _üde. Das hat er nun davon.	m 12	M 11
12	Simon hat immer noch eine Übung zum Aufwärmen. _ann geht es endlich richtig los?	w 4	W 7

Schreibe den Text vollständig ab. Kontrolliere danach deine Rechtschreibung genau.

Wie schnell läuft ein Fußballer?

Der schnellste Mensch der Welt ist Usain Bolt (Stand 2016). Bei seinem Weltrekord über 100 m lief er 44,7 km/h schnell.
Der schnellste Fußballspieler unter den Profis ist Gareth Bale. Er spielt bei Real Madrid und kann 36,9 km/h schnell laufen.
Der schnellste Spieler in einer deutschen Mannschaft ist Franck Ribéry bei Bayern München. Der Franzose liegt mit seiner Schnelligkeit auf Platz 9 bei den Profifußballern (mit 30,7 km/h).

Fußball-Quiz

**Hast du alle „Gewusst?"-Kästen gelesen?
Dann kannst du jetzt das Fußball-Quiz beantworten.**

		stimmt	stimmt nicht
1	Es gibt keine Regeln, die besagen, wie lang der Rasen beim Profi-Fußball zu sein hat.	11	2
2	Italien wurde bislang noch nie Weltmeister im Fußball.	9	6
3	Die meisten Profi-Fußballer in Deutschland haben montags spielfrei.	4	6
4	Einlaufkind kann man nur werden, wenn der eigene Vater in der Mannschaft mitspielt.	7	1
5	Das Wembley-Stadium in London war im Vergleich zur Allianz-Arena in München billig.	3	10
6	Der Pfiff aus einer Schiedsrichter-Pfeife ist lauter als das Geräusch einer Vuvuzela.	2	5
7	Der schnellste Profi-Fußballer heißt Usain Bolt.	8	7
8	In der 1. Fußball-Bundesliga der Frauen sind 12 Mannschaften.	12	4
9	Ein Profi-Ball für die Bundesliga wiegt zwischen 300 und 350 g.	1	3
10	Brasilien ist das Land mit den meisten Weltmeister-Titeln im Fußball.	8	5
11	Die lange Seiten bei einem Fußballfeld muss zwischen 90 und 120 m lang sein.	9	12
12	Das älteste Fußballstadion steht in England. Es wurde 1855 gebaut.	11	10